EL LAGO ENCANTADO

Marta F-C

Portada e ilustraciones:
Marta F-C

ISBN papel: 978-84-686-1754-1
ISBN ebook: 978-84-686-1755-8
Editor Bubok Publishing S.L.
Impreso en España/Printed in Spain

A mis sobrinos.

I

Existió una vez en tierras lejanas la región de los lagos, así llamada por la multitud de lagos grandes y pequeños que había en ella. Su territorio abarcaba dos extensos valles, circundados por cadenas montañosas cuyas más altas cumbres estaban cubiertas por nieves perpetuas.

Al fondo de cada valle había una aldea y en una de ellas, la del primer valle, vivía un pastor llamado Bernardo.

El joven Bernardo llevaba a pastar a su rebaño a una hermosa pradera, que se extendía tras las colinas, junto a uno de los lagos. Allí pasaba el día tranquilamente, vigilando a sus ovejas mientras tocaba la flauta.

Durante mucho tiempo Bernardo nunca encontró a nadie en aquel paraje. Tan sólo veía pasar de vez en cuando a algún caminante, que iba o volvía de la aldea del vecino valle. Pero un buen día llegó al lugar otro pastor con su rebaño y se instaló en los pastos que había en la orilla opuesta del lago, adonde acudía desde entonces regularmente.

Al principio le molestó a Bernardo la presencia de aquel intruso. Sin embargo, con el correr del tiempo, se fue acostumbrando poco a poco a verlo allí y terminó por gustarle su lejana compañía.

En la distancia, Bernardo no podía distinguirlo, pero el nuevo pastor era en realidad una pastora. Se llamaba Adela y vivía en la aldea del segundo valle.

Más inquieta y menos tímida que Bernardo, al cabo de un tiempo, Adela decidió acercarse y así fue como se conocieron, simpatizaron y se hicieron amigos. A partir de entonces, siempre se reunían y, mientras sus ovejas pastaban juntas, Bernardo tocaba la flauta o Adela le leía poemas. A la puesta del sol se despedían y cada uno volvía a su aldea.

Cierto día Bernardo no pudo acudir con su rebaño, ya que debía atender otras labores. Así pues, Adela estaba sola al cuidado de sus ovejas. Aburrida, se echó en la hierba a la orilla del lago y se quedó adormilada.

De pronto, oyó agitarse las aguas del lago. Sobresaltada, abrió los ojos y se incorporó. Entonces vio junto a ella a un joven desconocido que la observaba con una sonrisa enigmática.

Aquel joven irradiaba un encanto misterioso y Adela sintió de inmediato una atracción irresistible hacia él. Durante largo rato permaneció mirándolo en silencio, como hipnotizada.

Por fin, el joven habló y le dijo:

-Mi nombre es Jacinto. No me conoces ni me has visto nunca porque no soy de tu mundo sino que pertenezco al lago. Habito en lo más profundo bajo sus aguas, donde hay otra vida, un mundo distinto del tuyo que no puedes ni imaginar. Hace tiempo que veo tu imagen a través del agua, cuando te inclinas para refrescarte, y he querido conocerte.

Adela pasó el resto del día en compañía de Jacinto, escuchándolo embelesada. El tiempo transcurrió como un suspiro y pronto llegó el atardecer, hora en que la pastora debía regresar al pueblo con el rebaño. Tenían pues que despedirse.

-¿Volveré a verte?- preguntó Adela.

Y Jacinto le respondió:

-Solamente vendré cuando estés sola.

Luego se alejó entre la niebla del lago.

Después de aquel encuentro Adela ya no fue la misma. Se volvió retraída y taciturna. No pensaba más que en volver a reunirse con Jacinto a la orilla del lago.

Como el joven le había dicho que sólo aparecería cuando estuviera sola, Adela evitó coincidir con Bernardo y procuraba llevar su rebaño al prado cuando el pastor no iba.

Al darse cuenta de que su amiga lo rehuía, Bernardo se preguntaba qué podía haber sucedido, mas no era capaz de encontrar explicación a ese comportamiento de la pastora que tanto lo entristecía y desconcertaba.

Ajena a la inquietud de Bernardo, Adela tan sólo vivía para encontrase con el joven del lago. Cada vez que aparecía, Jacinto la envolvía en la magia de sus palabras. Le hablaba de la vida oculta bajo las aguas y de sus extraños habitantes. Le contó cosas increíbles, tan maravillosas que Adela deseó ardientemente unirse a Jacinto y formar parte de ese mundo fascinante.

Una tarde, Adela no regresó del prado. Cuando las gentes de su aldea salieron a buscarla, encontraron a las ovejas abandonadas, balando de miedo en la oscuridad de la noche.

Pronto se corrió la voz y los habitantes de la comarca se unieron en la búsqueda de la pastora. Se formaron batidas para rastrear los valles, las colinas y los montes cercanos. Pero la joven no aparecía.

Al perder a su amiga, Bernardo se dio cuenta de cuánto la quería. Angustiado, participó incansable en las tareas de búsqueda, día tras día y noche tras noche, sin dormir apenas. Finalmente alguien halló entre la hierba, al borde del lago, la cinta que Adela llevaba en el pelo. Todos pensaron que la pobre muchacha había caído al agua la tarde en que desapareció y que, sin duda, se habría ahogado. Con gran pena, la dieron por muerta y abandonaron su busca.

II

Bernardo lloró más que nadie la desaparición de Adela. Conducía su rebaño a los pastos, como siempre, y la soledad del prado sin ella aumentaba su dolor. No volvió a tocar la flauta de madera. Permanecía en silencio, entregado a sus recuerdos.

Un día en que Bernardo se encontraba junto al lago, sumido como siempre en sus melancólicos pensamientos, oyó un rumor en el agua y un ligero golpe de brisa le acarició las mejillas. Notó una presencia a su lado y, al volverse, vio a una joven que le sonreía. Le pareció hermosísima y se sintió atraído por ella con una fuerza tan misteriosa como imposible de resistir.

-¿No me reconoces?- le preguntó la muchacha y, sin esperar respuesta, añadió: -Bernardo, soy yo, Adela. ¿Es que ya no te acuerdas de mí?

El pastor se quedó mudo de asombro. ¡Cómo no se había dado cuenta!, ahora veía que era ella.

-¡Adela!- pudo exclamar al fin –Estás tan cambiada, tan guapa…

Y fue a abrazarla, pero ella lo detuvo con un gesto de la mano.

-No, Bernardo, no puedes tocarme- le dijo -. Ahora pertenezco al lago. Durante este tiempo, desde el fondo del agua donde ahora vivo, he visto tu dolor y tus lágrimas. Por eso he venido para hablarte, para decirte que soy feliz y que no debes sufrir por mí. Ahora debo regresar.

-¡Por favor, no te vayas todavía!- le suplicó Bernardo.

-No puedo quedarme más tiempo- respondió ella -, pero te prometo que vendré a verte otra vez.

Luego Adela se alejó caminando por la orilla del lago, hasta que la ocultó la bruma del atardecer.

Tras aquella aparición, Bernardo acudía al lago todos los días y pasaba las horas pendiente de cada ruido, de cada ráfaga de viento y de cada sombra, esperando la llegada de Adela.

Por fin, una tarde ella volvió. Entonces habló a Bernardo de su nueva vida en las profundidades del lago. Le contó cosas extraordinarias, fantásticas, de aquel mundo de agua, y al punto Bernardo quiso marcharse con ella.

-Si de verdad estás dispuesto a seguirme, entonces ven conmigo- le dijo Adela, y le tendió la mano.

Pero, inesperadamente, se puso a sollozar.

-No puedo, no puedo hacerte esto, Bernardo- murmuró entre lágrimas –. Eres mi mejor amigo y te quiero. Debes saber- continuó Adela –que el fondo del lago es en realidad un lugar siniestro, oscuro y frío. Todos los que allí habitamos estamos cautivos. Fuimos atrapados con hechizos y ahora estamos condenados a hechizar a otros, a atraerlos con historias fabulosas que son mentira, porque el lago es un monstruo insaciable que se alimenta de nuestras vidas y nunca tiene bastante.

Bernardo no podía soportar verla sufrir así.

-No vuelvas allí; escápate y ven conmigo- le dijo.

Adela movió tristemente la cabeza y le contestó:

-Eso no es posible. Soy prisionera del lago, él es mi amo y jamás me dejará marchar. Aléjate de aquí, por tu propio bien. Desconfía de los que son como yo, de mí también. No creas lo que yo te diga, no me escuches ni me mires; huye, pues no podré evitar volver para tratar de engañarte y hacer de ti otra víctima infeliz del lago.

Pero Bernardo no estaba dispuesto a admitir aquello. Sin pensarlo dos veces, cogió fuertemente la mano de Adela y tiró de ella para llevársela de allí.

En ese mismo instante, el lago pareció cobrar vida. Sus aguas se encresparon como en una tempestad, emitiendo un rugido espantoso. Una ola inmensa se alzó y se transformó después en una gran lengua de agua, que rodeó el cuerpo de Adela, arrancándola de los brazos de Bernardo.

Antes de ser tragada por el lago, Adela alcanzó a gritar:

-¡Busca la piedra roja!

Luego desapareció en el torbellino y, al momento, las aguas se cerraron sobre ella.

Horrorizado, Bernardo se había quedado sin respiración. Tardó un buen rato en recobrarse y entonces recordó el último grito desesperado de Adela: ¡la piedra roja! ¿Qué sería aquello? Debía encontrarla como fuera y no tenía ni idea de por dónde empezar a buscar.

Por la noche, mientras permanecía en vela, dando vueltas y vueltas a aquel asunto sin poder conciliar el sueño, de pronto, le vino a la memoria un confuso recuerdo de su infancia. Cuando era muy niño, al irse a dormir, su abuela se sentaba en el borde de su cama y le contaba cuentos, leyendas e historias antiguas. En uno de esos relatos había una piedra roja. Sí, ahora estaba seguro. Casi le parecía estar oyendo la voz de su abuela, pero, por más que se esforzaba, no conseguía recordar lo que ocurría en aquella historia.

Por desgracia, la abuela de Bernardo había muerto hacía ya mucho tiempo. ¿A quién podría preguntarle? Debería ser alguien que supiera de aquellas historias antiguas, pensó, una persona muy mayor. Entonces se acordó del tío Lucas, un anciano de más de cien años, el más viejo de la comarca. Él tenía que saber algo. Decidió que iría a verlo a la mañana siguiente y con esta idea se quedó por fin profundamente dormido.

El tío Lucas vivía en una casita de madera, a las afueras del pueblo. Cuando Bernardo acudió a visitarlo estaba con el anciano uno de sus hijos, que parecía casi tan viejo como él. A las preguntas de Bernardo sobre la piedra roja, el tío Lucas se limitó a negar con la cabeza una y otra vez, sin pronunciar palabra alguna. Ante la insistencia de Bernardo, el hijo de Lucas terminó por pedirle que se marchara y dejara a su padre descansar en paz.

El joven regresó a su casa desalentado y se sentó en el porche a cavilar sobre cómo podría seguir con la búsqueda de la misteriosa piedra. Así estaba, cuando llegó corriendo un niño de la aldea con un recado urgente del tío Lucas: debía apresurarse e ir a verlo inmediatamente.

Sin perder un instante, Bernardo acudió otra vez a casa del anciano. En esta ocasión él mismo le abrió la puerta.

–Pasa, hijo mío, pasa y cierra la puerta– le dijo el tío Lucas, amablemente –. Ahora que estamos a solas y nadie puede molestarnos, siéntate aquí, a mi lado, y dime qué quieres saber sobre la piedra roja y por qué.

El joven le contó todo lo que había sucedido en el lago, el último encuentro con Adela y la súplica que ella le hizo, antes de que las aguas se la llevaran, para que buscase la piedra roja. Bernardo estaba seguro de que sólo esa piedra podría salvar a su amiga del cautiverio en que estaba, y se había propuesto encontrarla.

Después de escuchar a Bernardo, el tío Lucas le habló así:

–Lo que voy a contarte casi nadie lo sabe ya. Hace muchísimo tiempo, ¡siglos!, esta región estaba dominada por unos seres invisibles, espíritus malignos que habitaban en las profundidades de los lagos. Cada cierto tiempo abandonaban las aguas y su oscura fuerza se extendía por los valles, sembrando por doquier la desgracia. Arrasaban las cosechas, se apoderaban del ganado y, lo más terrible de todo, se llevaban a las muchachas y a los jóvenes de las aldeas. Susurraban en sus oídos sonidos maléficos que trastornaban sus mentes, empujándolos a acudir como sonámbulos a sumergirse en los lagos y desaparecer para siempre.

Bernardo escuchaba asombrado. Todo aquello era totalmente nuevo para él. Jamás habría imaginado que en la apacible tierra donde se había criado hubieran ocurrido cosas tan horribles.

El anciano Lucas bebió un sorbo de agua y continuó su relato:

-La gente vivía aterrorizada, temiendo perder la siembra, sus rebaños y, sobre todo, a sus hijos. Pero nada podían hacer contra el poder de los monstruos de los lagos. Hasta que un buen día ocurrió algo extraordinario. Apareció en el cielo un extraño objeto, que se acercaba a la tierra a gran velocidad, como si fuera a estrellarse contra ella. Los habitantes de los pueblecitos corrieron a refugiarse, creyendo que un nuevo desastre se cernía sobre ellos. Antes de llegar al suelo, aquel objeto estalló en el aire y sus pedazos llovieron sobre los valles, como grandes bolas de granizo de color rojo. En su mayor parte fueron a caer en los lagos, cuyas aguas bulleron y se agitaron violentamente, y después recobraron la calma. Desde entonces, los espíritus malignos no volvieron a actuar. Parecía que las piedras rojas habían acabado con ellos. La paz volvió a la comarca, la vida recuperó su normalidad y, con el paso de los años, aquellos sucesos se fueron olvidando.

Tras detenerse por un momento para tomar aliento, el tío Lucas prosiguió:

-Lo que me acabas de contar, el horrible rapto de tu amiga, la pastora Adela, demuestra que los espíritus maléficos no se extinguieron por completo o que han renacido. Su existencia explica las misteriosas desapariciones de algunos jóvenes durante estos años- concluyó el anciano.

Pero Bernardo ya no lo escuchaba.

-¡Esas son las piedras rojas que dijo Adela!- exclamó entusiasmado -. Sólo tengo que buscarlas en el campo y echarlas al lago.

Lleno de excitación, Bernardo se había levantado de un salto, dispuesto a ponerse manos a la obra. Pero el viejo Lucas lo cogió del brazo cariñosamente y le indicó que volviera a sentarse.

-Calma, calma, hijo mío- le dijo suavemente -. Recuerda que han pasado siglos. Ni los abuelos de mis abuelos vivían aún en aquel tiempo. Imagínate lo mucho que ha llovido desde entonces. Quién sabe donde estarán ahora esas piedras mágicas. Podrías dedicar la vida entera a buscarlas y sería malgastarla, empeñado en encontrar una aguja en un pajar.

El anciano vio la desilusión más amarga pintada en el rostro de Bernardo y se compadeció de él.

-Sin embargo- le susurró, misteriosamente - puede haber otro camino, si aún deseas intentarlo.

Con un destello de esperanza en los ojos, Bernardo era todo oídos.

-En las montañas que se alzan detrás del segundo valle- le contó Lucas -vive una mujer llamada Sabina. Hace años que huyó de la aldea, porque la gente ignorante la perseguía creyéndola una bruja. Sabina no es una bruja sino una mujer muy sabia. No puedo asegurarte nada, pero si existe alguien que sepa cómo conseguir alguna de las piedras rojas, es ella. Tampoco sé decirte el lugar donde encontrar a Sabina. Ni siquiera tengo idea de si vive todavía. Tendrás que internarte en las montañas y buscarla tú mismo. Si logras hallarla, dile que vas de mi parte y no dudes de que ella hará cuanto esté en su mano por ayudarte.

Contento y agradecido, Bernardo se despidió del tío Lucas. No perdió el tiempo. Al día siguiente, encomendó sus ovejas a otro pastor amigo, cerró su casa y partió rumbo a las montañas.

IV

Bernardo había emprendido el viaje al final de la primavera. Llegó el verano y luego, el otoño, y aún no había podido dar con Sabina. Recorría sin descanso los montes, buscando una casita o una cabaña, cualquier cosa que pudiera servir de morada a la mujer.

Con la entrada del otoño, las noches se hicieron frías. Bernardo encendía fuego con su pedernal y dormía junto a la hoguera.

Una tarde, cuando buscaba un lugar donde asentar su campamento para hacer noche, encontró una cueva medio oculta por la vegetación. Recogió unas ramas secas para encender la lumbre en el interior y pronto se quedó dormido.

Unos golpes en su espalda lo despertaron bruscamente y al abrir los ojos, no pudo evitar dar un grito. Lo primero que vio fue un rostro humano, tan cerca del suyo que podía sentir su aliento. Tenía los ojos medio ocultos por las greñas grises y encrespadas que le salían de la cabeza, y espesas pieles cubrían su cuerpo por completo.

Amenazándolo con un grueso palo que blandía en la mano, aquel ser le gritó:

-¿Qué haces en mi cueva? ¿Qué es lo que buscas? ¡Sal de aquí inmediatamente!

Bernardo se puso en pie de un brinco y se protegió con los brazos temiendo recibir algún golpe.

-Por favor, no me pegues- le rogó -. No quiero hacerte ningún daño. Sólo he entrado para protegerme del frío de la noche.

El extraño ser bajó la estaca, lo que animó a Bernardo a seguir hablando:

-Vengo desde la aldea del primer valle. Soy pastor y me llamo Bernardo. Llevo meses recorriendo estas montañas en busca de una mujer llamada Sabina. Quizá tú puedas ayudarme.

-¿Para qué quieres encontrar a Sabina?- le preguntó entonces el antipático personaje.

Bernardo titubeó antes de contestar, cautelosamente:

-El asunto que me trae es muy delicado, por eso precisamente he acudido a Sabina, pues me han hablado de su gran sabiduría y, al parecer, sólo ella puede ayudarme. En realidad– añadió -, me envía un anciano que vive en mi aldea, a quien todos conocen como el tío Lucas.

Como si hubiera pronunciado unas palabras mágicas, aquel ser desagradable se transformó por completo. Su semblante se volvió amable y, con gesto amigable, tomó del brazo a Bernardo y lo condujo hacia el fondo de la cueva, al tiempo que le decía:

- Por ahí tenías que haber empezado, joven. Lucas es un gran amigo mío, una de las mejores personas que he conocido, bondadoso, prudente y sabio. Me alegra saber que todavía vive.

Mientras así hablaba, atravesaron una pequeña abertura disimulada en la roca, al fondo de la cueva, y entraron en otra mucho mayor, iluminada con antorchas y acondicionada con muebles y enseres como una acogedora casita.

Entonces aquella misteriosa persona se quitó las pieles que la cubrían y se arrancó de la cabeza la hirsuta cabellera. Para sorpresa de Bernardo, debajo apareció una mujer de aspecto agradable, pulcramente vestida y con el cabello blanco recogido en un moño.

Divertida al ver el asombro del joven, la mujer le dijo, sonriente:

—Este es el disfraz que me pongo para asustar a los intrusos. Andan por ahí muchos malvados sueltos y, como comprenderás, tengo que protegerme. Has de saber, querido joven, que yo soy Sabina. Quien es amigo de Lucas también es amigo mío, así que siéntate y, mientras preparo una infusión calentita, cuéntame cuál es ese asunto tan delicado en el que sólo yo puedo ayudarte.

Bernardo le contó a Sabina toda la historia y le pidió que lo ayudase a salvar a Adela del monstruo del lago indicándole el paradero de las piedras rojas.

Sabina se sentó a su lado, mientras le ofrecía una taza humeante que desprendía un aroma delicioso. Bernardo bebió unos sorbos y al momento se sintió reconfortado.

Tras permanecer un buen rato en silencio, observándolo pensativa, Sabina le habló así:

—Veo que eres un joven decidido y valiente. Eso me alegra, porque para conseguir las piedras mágicas habrás de emprender una dura tarea y afrontar los peligros que en ella te acecharán. Ahora descansa y duerme el resto de la noche. Mañana, a la salida del sol, te explicaré todo lo que debes hacer.

Gracias a la infusión que Sabina le había preparado, Bernardo durmió de un tirón hasta la mañana siguiente y cuando se levantó, se sentía fuerte y animoso, dispuesto para cualquier hazaña.

Sabina lo condujo fuera de la cueva y le mostró un picacho escarpado que se alzaba entre las montañas.

-¿Ves aquel pico agudo y pelado que sobresale hacia el oeste?- le indicó -. Se llama la Punta Negra, donde tienen sus nidos cientos de buitres de una especie feroz y sanguinaria, desconocida en otros lugares. Deberás trepar por la cara sur de la Punta hasta alcanzar su cumbre. Subirás cuando sea de noche, mientras los buitres duermen, sin hacer el más ligero ruido pues si llegaran a despertarse, caerían sobre ti y te harían pedazos en un instante. Si mantienes bien el rumbo, cuando llegues a la cima no te será difícil distinguir un nido mucho mayor que los demás. Verás que dentro de él no hay huevos ni pollos sino piedras rojas. Con una sola bastaría para acabar con el monstruo del lago, pero coge tres y guarda cada una de ellas en un lugar diferente. A la vuelta, debes seguir manteniendo un extremo sigilo para no despertar a los buitres. Hasta que llegues a la llanura no estarás a salvo. Recuérdalo bien.

-¿Cómo es que las piedras rojas están en un lugar tan extraño?- preguntó Bernardo.

Sabina le respondió:

-La razón no se ha sabido nunca. Tras la lluvia de piedras que acabó con los espíritus de los lagos, una inmensa bandada de buitres cayó sobre los valles, y con sus picos y garras fueron recogiendo todas las piedras mágicas que habían quedado en los campos. Se las llevaron a la Punta Negra y allí las custodian celosamente desde entonces, sin permitir que nadie se acerque.

Luego Sabina sacó de su bolsillo un saco y extrajo de él unos objetos que fue entregando a Bernardo, mientras le explicaba:

-En esta cajita hay un ungüento que deberás aplicarte bajo los ojos cuando vayas a iniciar el ascenso de la Punta Negra. Es una pomada que te permitirá ver perfectamente en la oscuridad, aunque sea una noche cerrada y negra. En los pies te pondrás estas fundas, con las cuales podrás caminar sin que tus pasos se oigan. Por último, este frasco de cristal contiene un gas venenoso, pero sólo deberás usarlo en caso de necesidad. Si, por desgracia, los buitres percibieran tu presencia y se lanzaran sobre ti, agitarás fuertemente el frasco y después lo destaparás, dirigiéndolo hacia ellos: sus emanaciones los aniquilarán en cuanto los alcancen. Pero procura no tener que usar este remedio, pues has de saber que si son muchas las aves que te atacan a la vez, no tendrás tiempo de lanzar el gas sobre todas ellas. Ten pues mucho cuidado y evita que los buitres se despierten.

Bernardo cogió los objetos mágicos y los guardó en su morral. Con ellos en su poder se sentía mucho más seguro y protegido.

Sabina le dijo que debía partir inmediatamente, antes de que el invierno se echara encima, ya que la llegada de las nieves haría imposible el viaje y le obligaría a esperar hasta la primavera. De modo que Bernardo se despidió de ella y emprendió la gran aventura de la que dependía el rescate de su amada Adela.

V

La Punta Negra no estaba demasiado lejos y en pocos días Bernardo pudo llegar hasta su pie. El oscuro picacho se erguía imponente, con un aire amenazador que intimidó al pastor. Haciendo acopio de todo su valor, Bernardo esperó hasta bien entrada la noche, como le había recomendado Sabina, y entonces se untó la pomada mágica debajo de los ojos, embutió sus pies en las fundas silenciosas y emprendió sigilosamente el ascenso.

De inmediato comprobó que los objetos que le había entregado Sabina eran verdaderamente maravillosos. A pesar de que no había luna, Bernardo podía ver perfectamente en la oscuridad y sus pasos, aunque pisara sobre grava crujiente, no producían el menor ruido.

Atento a lo que Sabina le había aconsejado, Bernardo trepaba por la roca con la máxima cautela, evitando que pudiera desprenderse alguna piedrecilla o agitarse alguna rama y despertar a los feroces buitres.

Con cuidado de mantener el rumbo siempre por la ladera sur de la Punta, Bernardo llegó por fin a la cima. Tal como le había anunciado Sabina, le fue fácil distinguir entre los nidos uno que era mucho mayor que los demás. Se aproximó a él y al asomarse, pudo ver en su interior las famosas piedras rojas ¡Estaba lleno de ellas!

Las piedras eran del tamaño de un huevo de gallina, perfectamente redondas y de color rojo sangre, con un suave destello luminoso. Con sumo cuidado, cogió una y le sorprendió su densidad, pues pesaba mucho más de lo que su tamaño hacía suponer. Guardó la piedra en uno de los bolsillos de su jubón;

luego sacó del nido dos más, metió una en el otro bolsillo y la tercera, dentro del morral.

Entonces pensó que aún podría cargar con otra piedra más y fue a alcanzarla, pero al hacerlo dio un paso en falso que le hizo perder el equilibrio, se tambaleó, la piedra se le resbaló de las manos y cayó al suelo, provocando un auténtico estruendo en medio del silencio total de la noche.

El pánico se apoderó de Bernardo, ¡estaba perdido! Sin esperar a ver qué pasaba, echó a correr a la desesperada, montaña abajo, tan rápido como se lo permitía el terreno escarpado. Dando traspiés, tropezaba, caía y volvía a levantarse. Durante la loca carrera perdió su pedernal y, lo más terrible, una de las piedras escapó del bolsillo derecho de su jubón, donde la había guardado, y se alejó rodando, pero no podía ni pensar en pararse a recogerla.

Así consiguió descender un buen trecho. De repente, oyó un ruido sordo a su espalda, que fue creciendo en intensidad hasta convertirse en un auténtico fragor. Nunca en su vida había oído nada tan espeluznante. La roca vibraba bajo sus pies. Miró hacia arriba y lo que vio hizo que se le erizase todo el vello del cuerpo: unos pájaros negros enormes planeaban sobre su cabeza, provocando con el batir de sus alas inmensas aquel ruido atronador.

Eran tantos y volaban tan bajo que cubrían por entero el cielo, como una gran nube, espesa y oscura.

El ruido de la piedra al caer había despertado a los buitres guardianes de la Punta Negra y ahora venían contra Bernardo, preparados para atacarlo. El joven se maldecía por su torpe avaricia. ¿Por qué tuvo que empeñarse en coger una piedra más, cuando Sabina le había dicho que con tres era suficiente?

Pero lo hecho hecho estaba y ya no tenía remedio. Ahora no había tiempo que perder, era la ocasión para hacer uso de la última arma que le dio Sabina. Sacó el frasco del morral y lo agitó repetidamente con todas sus fuerzas, justo en el momento en que un grupo de buitres se había elevado en el aire, ganando altura, y se lanzaban en picado, uno tras otro, sobre él.

En el instante en que iban a echársele encima, Bernardo destapó el frasco y lo dirigió hacia ellos. Un chorro azulado salió con fuerza y alcanzó de lleno al primer buitre, que cayó fulminado. Inmediatamente Bernardo orientó el gas hacia el siguiente pájaro, y luego hacia otro y otro. Todos iban cayendo, pero detrás llegaban más y más.

En cuanto el chorro de gas perdió fuerza, Bernardo volvió a cerrar el frasco y a agitarlo frenéticamente, para destaparlo otra vez enseguida. El ataque continuo de los buitres no le dejaba respiro. Conforme repetía la operación, un buen número de pajarracos resultaba aniquilado.

Según iban cayendo unos, llegaban otros y así, una y otra vez, hasta que Bernardo se dio cuenta de que se estaba agotando el contenido del frasco. Intentaba pensar mientras se defendía, pero no se le ocurría cómo salir de aquella situación.

Cuando finalmente se acabó la última gota del frasco, de forma instintiva, sin pensar en lo que hacía, Bernardo se tiró al suelo, cerró los ojos y se lanzó rodando peñas abajo, protegiéndose la cabeza con los brazos. Notó el siniestro aleteo de los buitres azotándolo y recibió unos cuantos picotazos en su cuerpo, pero más le dolieron los golpes y desgarrones que se hizo contra las rocas al despeñarse.

Bajó rodando más de la mitad de la Punta Negra, hasta que quedó retenido en un repecho de la pared rocosa. Cuando abrió los ojos, clareaba ya el día en el horizonte. Lo primero que hizo fue llevarse la mano al bolsillo izquierdo y comprobó aterrado que durante la caída había perdido la piedra roja que guardaba en él. Miró raudo en el morral, donde había metido la tercera, ¡allí estaba!, pero ya solamente le quedaba una. Comprendió entonces cuán prudente había sido Sabina al decirle que guardara cada piedra en un lugar diferente. Si las hubiera puesto todas en los bolsillos, ahora no tendría ninguna.

Entonces oyó los graznidos y miró hacia lo alto: unos cuantos buitres trazaban círculos en el aire sobre él, preparándose para atacarlo de nuevo.

Bernardo echó un vistazo a su alrededor. En el saliente donde se encontraba lo único que había eran pedruscos, una rama retorcida y unos cuantos matojos secos. En ese instante salió el sol y sus rayos le hirieron la vista. Fue a protegerse los ojos con la mano y se dio cuenta de que todavía tenía aferrado el frasco de Sabina, vacío. Una idea cruzó de pronto su mente. Ya no tenía el pedernal, pero partió la boca del frasco contra el suelo y enfocó el cristal hacia el sol, haciendo que los rayos lo traspasaran y cayeran a través de él sobre los matorrales secos. El grueso fondo del frasco hizo de lupa y, al cabo de un rato, las matas empezaron a arder. Las llamas ahuyentaron a los buitres, que se alejaron para ir a posarse un poco más arriba.

De momento, Bernardo estaba a salvo, pero no por mucho tiempo. En cuanto el fuego consumiera los matojos, se apagaría y él volvería a quedar a merced de las aves asesinas. Sólo tenía una posibilidad. Se quitó el morral y, tras sacar de él la última piedra roja y metérsela en un bolsillo, desató la cuerda que servía para colgarlo, recogió unos trozos del ramaje de los matorrales que aún no se habían quemado y con la cuerda del morral los ató fuertemente a la rama retorcida que había encontrado antes. Aquello podía servirle de antorcha.

Después buscó un camino para salir de allí. Vio que sólo tenía que trepar por la roca situada sobre el saliente donde estaba, ya que desde arriba se podía alcanzar una bajada. Prendió la antorcha en los rescoldos de la hoguera y se encaramó a las rocas ayudándose con la mano libre.

En cuanto estuvo arriba, las feroces aves volaron como rayos hacia Bernardo, pero él agitó la antorcha sobre su cabeza y las hizo retirarse. De este modo fue descendiendo por la ladera de la Punta Negra, sin cesar de mover la antorcha a su alrededor para mantener a distancia a los buitres.

Estaba a punto de consumirse la estopa de la antorcha cuando, por fin, Bernardo logró llegar a la llanura.

Unos chillidos atroces cortaron el aire. El joven se volvió y pudo ver a los buitres posados en la última roca de la Punta Negra, graznando de rabia, porque ya no podían perseguirlo fuera de su territorio.

VI

Dolorido y maltrecho, pero con la piedra roja en el bolsillo, Bernardo se arrastró durante días, como pudo, hasta la cueva de Sabina, adonde llegó medio muerto. Tuvo que permanecer allí durante todo el invierno, reponiéndose lentamente gracias a las curas y remedios que Sabina le aplicó.

Al final de la primavera, Bernardo estaba completamente restablecido y deseoso de regresar al valle para acabar, por fin, con el monstruo del lago y rescatar a Adela de su largo cautiverio. Antes de marchar, Sabina le dio las últimas instrucciones:

-Para matar al monstruo deberás acudir al lago justo al mediodía de la primera jornada del verano, pues es imprescindible que el sol se encuentre en su posición más alta. A la hora en punto, ni un minuto antes ni un minuto después, lanzarás la piedra roja con fuerza a ras de la superficie, para que caiga en lo más profundo. Luego retírate enseguida y aléjate cuanto puedas para que la agitación de las aguas no te pueda alcanzar, hasta que todo haya pasado.

Después de escuchar atentamente sus palabras, Bernardo se despidió de Sabina, no sin antes expresarle toda su gratitud por la valiosa ayuda que tan generosamente le había brindado.

–Sin ti- le dijo, emocionado – jamás habría podido conseguir la piedra roja y Adela estaría condenada a ser eterna prisionera del lago. Aunque no volvamos a vernos, nunca te olvidaré.

De regreso en el valle, Bernardo siguió paso a paso las indicaciones que Sabina le había dado.

La mañana del primer día del verano se dirigió al lago encantado y allí esperó a que el sol alcanzara su punto más alto en el cielo.

En el momento exacto tomó impulso y lanzó con todas sus fuerzas la piedra roja, que surcó el aire a gran velocidad, rozando casi la superficie del agua.

Al recibir de lleno los rayos del sol de mediodía, la piedra se incendió y entró en el agua convertida en una bola de fuego.

Nada más tirar la piedra, Bernardo había echado a correr lo más rápido que podía. Se refugió tras de una loma y, con el corazón latiéndole en la garganta, se atrevió apenas a asomarse para mirar.

Vio cómo las aguas del lago se ponían a girar vertiginosamente, formando un remolino gigantesco, y después se elevaban en una inmensa columna que parecía llegar hasta las nubes. Al mismo tiempo, se oyó un trueno tremendo, la tierra tembló y se abrió en una profunda grieta alrededor del lago. Todo aquello duró unos instantes; enseguida volvió a cerrarse la tierra y la columna de agua cayó con gran estrépito, rociando de agua los campos. Tras una breve ebullición, el lago se calmó por completo y su superficie se quedó quieta y lisa como un espejo.

Temblando aún, Bernardo salió de su escondite y se acercó a la orilla.

Una niebla espesa había caído sobre el lago. Entonces algo pareció moverse dentro de ella. Al principio era una sombra, una silueta, que poco a poco se fue haciendo más nítida, tomando forma y color a medida que se acercaba, hasta convertirse en una figura humana.

¡Era Adela!

Bernardo y Adela se abrazaron. Luego ella se volvió y señaló hacia el lago.

–Mira- le dijo –, no sólo me has salvado a mí.

Bernardo vio cómo salía de entre la niebla un joven. Era Jacinto, el que un día se llevó a Adela al fondo del lago, obligado por el espíritu maligno. Luego salió otro joven, una muchacha, otra más, y así fueron emergiendo, uno a uno, todos los que habían desaparecido misteriosamente de las aldeas de los dos valles. Reían y saltaban de felicidad, se abrazaban y abrazaban a Bernardo, su libertador. Por fin, podrían regresar a casa y devolver la alegría a sus familias, que los habían creído muertos.

El rescate de los jóvenes cautivos del lago convirtió a Bernardo en el héroe de la comarca. Llegó a ser tan querido y admirado que los vecinos de las aldeas decidieron confiarle el gobierno de su comunidad y lo eligieron Regidor de los dos valles.

Nunca se arrepintieron de haber puesto en él su confianza, pues Bernardo actuó siempre con rectitud y justicia.

Bernardo no se olvidó del tío Lucas. Iba a visitarlo a menudo en compañía de Adela y el anciano disfrutaba escuchando una y otra vez el relato emocionante de las aventuras que sus dos amigos habían vivido.

En cuanto a Sabina, Bernardo y Adela fueron juntos a buscarla a su cueva de la montaña y lograron convencerla para que volviera al valle.

Los habitantes de la aldea estaban arrepentidos de lo mal que se habían portado con ella. Fueron todos a recibirla y a pedirle perdón por el sufrimiento que le habían causado.

Como había dicho el tío Lucas, Sabina no era una bruja sino una mujer muy sabia. Por eso, desde su regreso al pueblo, la gente no dejaba de acudir a visitarla, en busca de sus remedios, sus cuidados y sus consejos.

Adela empezó a ayudar a Sabina en su tarea y ella le fue enseñando toda su ciencia, de modo que, con el tiempo, Adela llegó a saber tanto como Sabina sabía.

Una cosa más queda por contar en esta historia y es que, como no podía ser de otra forma, Bernardo y Adela se casaron.

A su boda asistieron todos los habitantes de los dos valles, y Sabina y el tío Lucas fueron los invitados de honor.

Una alegre fiesta campesina se celebró en aquella pradera, a la orilla del lago, donde un día se habían conocido Bernardo y Adela cuando eran pastores.

Los espíritus maléficos jamás regresaron y la paz reinó para siempre en la región de los lagos.

www.ingramcontent.com/pod-product-compliance
Lightning Source LLC
Chambersburg PA
CBHW081358160426
43192CB00013B/2440